Meine Gedanken

Meine
Gedanken

Dieses Buch gehört

. . . .

Begonnen am

. . . .

Bibliografische Information der Deutschen Nationalbibliothek:
Die Deutsche Nationalbibliothek verzeichnet diese Publikation in der
deutschen Nationalbibliografie; detaillierte bibliografische Daten sind
im Internet über http://www.dnb.de/ abrufbar.

Edition Hartig Health & Business Coaching
1. Auflage
© 2015 Jörg Hartig

www.joerghartig.de

Fotos: Golden Eyes Fotostudio - Leipzig
Zeichnungen: Jörg Hartig
Bildbearbeitung Collandi Eye Catcher Factory - Leipzig

Herstellung und Verlag:
BoD - Books on demand, Norderstedt

ISBN: 9783734783906

Vorwort

Kennen Sie das? Sie haben ein Gespräch geführt, über etwas nachgedacht oder einen interessanten Impuls bekommen. Währenddessen oder einige Zeit danach ist Ihnen ein hilfreicher Gedanke oder eine Idee gekommen und Sie dachten, dass Sie es sich schon merken würden. Aber dann: vergessen...
Schade um den Gedanken, schade um die Idee.
Denn manchmal sind diese Geistesblitze sehr flüchtig und kommen so klar, wie sie in dem ersten Moment waren, selten wieder.

Vielleicht möchten Sie aber auch ein paar Ihrer ganz persönlichen Gedanken und Gefühle „loswerden"? Auch für diesen Zweck eignen sich die Seiten hier. Denn das Schreiben hilft Ihnen bei der Verarbeitung von Erlebnissen, der Klärung von Gefühlen und dem Finden von Lösungen.

Dieses kleine Buch möchte gern Ihr Begleiter sein. Es hat viel Platz für all Ihre ganz persönlichen Ideen, Gedanken, Erfahrungen, Erkenntnisse, Wünsche, Hoffnungen und Pläne.

Tragen Sie Ihre Gedankenschätze hier zusammen und nichts geht mehr verloren.

Alles Gute wünscht Ihnen
Jörg Hartig

Achte auf Deine Gedanken,
denn sie werden Worte.

Achte auf Deine Worte,
denn sie werden Handlungen.

Achte auf Deine Handlungen,
denn sie werden Gewohnheiten.

Achte auf Deine Gewohnheiten,
denn sie werden Dein Charakter.

Achte auf Deinen Charakter,
denn er wird Dein Schicksal.

Aus dem Talmud

Meine Gedanken

Meine Gedanken

Meine Gedanken

Meine Gedanken

Meine Gedanken

Meine Gedanken

Meine Gedanken

Meine Gedanken

Wir glauben,
Erfahrungen zu machen,
aber die Erfahrungen
machen uns.

Eugéne Ionesco

Meine Gedanken

Meine Gedanken

Meine Gedanken

Meine Gedanken

Meine Gedanken

Meine Gedanken

Meine Gedanken

Meine Gedanken

Meine Gedanken

Wer immer nur eine Rolle spielt, ... spielt keine.

Meine Gedanken

Meine Gedanken

Meine Gedanken

Meine Gedanken

Meine Gedanken

Meine Gedanken

Meine Gedanken

Meine Gedanken

Meine Gedanken

Man sagt,

die Zeit würde Dinge ändern.

Das stimmt nicht.

Man muss es selber tun.

Andy Warhol

Meine Gedanken

Meine Gedanken

Meine Gedanken

Meine Gedanken

Meine Gedanken

Meine Gedanken

Meine Gedanken

Meine Gedanken

Meine Gedanken

Im Leben geht es
weniger um die Frage,
ob man eine Wahl hat
oder etwas entscheiden
kann, als vielmehr
darum, ob man sich
zu wählen oder sich
zu entscheiden traut.

JH

Meine Gedanken

Meine Gedanken

Meine Gedanken

Meine Gedanken

Meine Gedanken

Meine Gedanken

Meine Gedanken

Meine Gedanken

Meine Gedanken

Was Du aus Dir machst,
das bist Du.

Deutsches Sprichwort

Meine Gedanken

Meine Gedanken

Meine Gedanken

Meine Gedanken

Meine Gedanken

Meine Gedanken

Meine Gedanken

Meine Gedanken

Meine Gedanken

Manchmal werden wir verlassen und verstehen nicht warum. Doch ist das wirklich immer etwas Schlechtes?

Nicht jeder der geht, hinterlässt eine Lücke.

Manchmal macht er einfach nur Platz frei.

JH

Meine Gedanken

Meine Gedanken

Meine Gedanken

Meine Gedanken

Meine Gedanken

Meine Gedanken

Meine Gedanken

Meine Gedanken

Meine Gedanken

Wer zu lange zögert,
grübelt, zweifelt
verbraucht unnütz die
Energie des Entschlusses
und die Kraft der
Zuversicht.

Beschließe, beginne,
trau Dich.
Mit dem Tun werden
Dein Mut, neue
Erfahrungen und vor
allem DU selbst wachsen.

JH

Meine Gedanken

Meine Gedanken

Meine Gedanken

Meine Gedanken

Meine Gedanken

Meine Gedanken

Meine Gedanken

Meine Gedanken

Meine Gedanken

Manchmal ist das Schwierigste nicht das Loslassen, sondern zu lernen, von vorne anzufangen.

Nicole Sobon

Meine Gedanken

Meine Gedanken

Meine Gedanken

Meine Gedanken

Meine Gedanken

Meine Gedanken

Meine Gedanken

Meine Gedanken

Meine Gedanken

Wenn Du tust, was Du immer getan hast, wirst Du bekommen, was Du immer bekommen hast.

Henry Ford

Meine Gedanken

Meine Gedanken

Meine Gedanken

Meine Gedanken

Meine Gedanken

....

....

....

....

....

....

....

....

....

....

....

....

....

....

....

....

....

....

....

....

....

....

....

....

....

....

....

Meine Gedanken

Meine Gedanken

Meine Gedanken

Du bist es wert, dass es Dir gut geht. Also erlaube Dir, was Dir gut tut.

Viel Glück !

J.H.

Über den Herausgeber

Jörg Hartig ist Diplom-Psychologe, Therapeut, Coach und Vortragsredner.

Er hat in Leipzig Medizin und Psychologie studiert und sein Studium mit einem Diplom in Psychologie abgeschlossen.

Seit seinem Studium beschäftigt er sich mit den Themen Stress, Burnout, Resilienz und Stressbewältigung. Sein Interesse gilt der Vermittlung von Selbstmanagement-, Stress-bewältigungs- und Souveränitäts-strategien.

2004 gründete er in Leipzig seine eigene Praxis für Psychotherapie, Coaching und Supervision. Hier gibt er seit mehr als zehn Jahren sein Wissen und seine Erfahrungen zur persönlichen Selbstentwicklung an seine Klienten weiter.

Mit seinem Angebot „Jörg Hartig Health & Business Coaching" bietet er Firmen externe psychologische Mitarbeiterberatung an und ist bundesweit für Vorträge, Seminare und Führungskräfte-Coachings buchbar.

Wegen seiner Fähigkeit, psychologische Themen sowohl fachlich kompetent als auch unterhaltsam zu erklären, ist er gern angefragter Experte und Interviewpartner für Presse, Rundfunk und Fernsehen.

Aktuelle Beiträge, Interviews, Termine gibt es auf: **www.joerghartig.de**.

Anfragen oder Nachrichten schreiben Sie bitte an: **kontakt@joerghartig.de**

Nachbestellung

Von diesem Gedankentagebuch gibt es noch weitere Bände. Immer mit anderen anregenden und unterstützenden Impulsen, ausgewählten Zitaten und Illustrationen. Wenn Ihnen dieses Gedankentagebuch gefallen hat und Sie ein neues möchten, fragen Sie am besten gleich bei Ihrem lokalen Buchhändler nach oder bestellen online. Und schon geht es weiter...

Die Gedankentagebücher sind auch eine schöne Geschenkidee für Freunde, Kollegen oder Mitarbeiter. Fragen Sie für größere Mengenabnahmen ab 25 Stück nach den Sonderkonditionen. Email an office@joerghartig.de genügt.